Gisela Rieger

Die schönste Zeit ist heut

Geschichten, die Glück verschenken

Inhalt

Kleinen Kindern erzählt man Geschichten
zum Einschlafen.
Erwachsene lesen Geschichten zum Aufwachen.

LIEBE LESERIN, LIEBER LESER,

seit jeher erzählen sich Menschen Geschichten, denn darüber ließen sich Wissen und Weisheit des Lebens auf bildhafte Art transportieren. In fast allen schriftlosen Kulturen gab es den Geschichtenerzähler, der am Lagerfeuer, auf dem Marktplatz oder an außergewöhnlichen Orten Neues von der Welt erzählte, Gedichte rezitierte und in seinen Geschichten Wahrheit und Fantasie kunstvoll miteinander vermengte. Es gab den Minnesänger, den Hofnarren, den Barden, den Dichter, den Schriftsteller. Auch viele der großen, geistlichen Lehrer haben Menschen mit Geschichten in ihren Bann gezogen und berührt. Aber auch Lebensweisheit verpackt vermittelt.

Sagen, Mythen und Märchen, die Gleichnisse der Bibel – sie alle wissen, was die moderne Hirnforschung bestätigt: Der Mensch lernt am besten über Geschichten. Parabeln dienen der Problemlösung, Anekdoten fokussieren die Aufmerksamkeit, heilsame Geschichten wurden als Besinnung und Therapie eingesetzt und Erzählungen erweitern und vertiefen den Lebenskreis.

Mich begeistern Geschichten seit meiner Kindheit. Ich konnte nie genug davon bekommen, wenn meine Mutter mir vorlas oder mir Geschichten erzählte. Bald begann ich, selbst Texte zu unterschiedlichen Lebensthemen zu sammeln sowie auch frei zu erfinden. Oftmals auch spontan, um auf aktuelle Alltagsthemen einzugehen. Immer wieder durfte ich dabei feststellen, dass sie ihre Wirkung nicht verfehlten und einen Aha-Effekt auslösten.

Geschichten wurden zu einer großen Leidenschaft von mir und begleiten mich bis heute durchs Leben – beruflich wie privat. Als Persönlichkeits- und Teamtrainerin sowie Systemische Beraterin verwende ich sie in meinen Seminaren, Workshops und Trainings. Inzwischen erzähle ich sie sogar auf der Bühne. Heute bezeichnet man das als Storytelling.

Gerade in unserem Medienzeitalter ist es wichtig, durch Geschichten wieder eine eigene Bilderwelt entstehen zu lassen. Geschichten sind wie eine Reise ins Unterbewusstsein. Sie regen zum Nachdenken an. Sie inspirieren, motivieren, zeigen neue Perspektiven auf oder geben einen Lebensschlüssel in die Hand. Und … sie berühren die Seele!

Tauchen auch Sie ein, in die Welt der Geschichten! Viel Freude beim Lesen wünscht Ihnen von Herzen

Ihre Gisela Rieger

Vom Glück zu leben

Worauf es ankommt

DER WERT EINES LÄCHELNS

Ein Lächeln ist der Schlüssel zum Herzen.
Ein Lächeln ist eine kostenlose Investition
mit erstaunlicher Rendite!
Ein Lächeln im Geschäft zieht die Kunden an.
Ein Lächeln ist manchmal kurz wie ein Blitz,
die Erinnerung daran kann jedoch lange währen.
Ein Lächeln sagt mehr als tausend Worte.
Ein Lächeln mildert Traurigkeit,
Mutlosigkeit und Ärger.
Ein Lächeln im Haus
schafft ein harmonisches Heim.
Ein Lächeln ist ein Zeichen
für Liebe, Glück und Dankbarkeit.
Ein Lächeln ist Balsam für die Seele.
Schenke dein Lächeln vor allem denjenigen,
die nicht mehr lachen können,
denn sie brauchen es am meisten.
Kein Mensch ist so reich,
dass er auf ein Lächeln verzichten könnte.
Kein Mensch ist so arm,
dass er sich ein Lächeln nicht leisten könnte.
Ein Lächeln hat den allergrößten Wert,
wenn es von Herzen kommt!

GLÜCK UND ZUFRIEDENHEIT

Ein Schüler fragte seinen Meister: „Warum ist hier jeder glücklich und zufrieden außer mir?"

Der Meister antwortete: „Weil sie in allem das Gute und Schöne sehen."

„Aber warum kann ich mich nicht auch an dem Guten und Schönen erfreuen?"

„Weil du im Außen nur erkennen kannst, was du auch in deinem Inneren siehst."

Nach einer Zen-Geschichte

Mögest du immer einen Blick haben für die Sonne, die durch dein Fenster fällt; und nicht für den Staub, der auf ihnen liegt.

Aus Irland

Blitzlichter erhellten die traumhafte Wohnung einer berühmten Innenarchitektin.

Nach den Fotoaufnahmen saß das Reporterteam eines Magazins im Wohnzimmer der Dame, um diese noch zu interviewen. Nach den üblichen Fragen erkundigte sich ein Reporter, ob die vielen großen Glasbehälter, die mit unzähligen Steinchen gefüllt waren, der neueste Trend seien.

Lächelnd antwortete die Architektin: „Ach, das wäre schön! Wissen Sie, es gab in meinem Leben Zeiten, die nicht sehr rosig waren. Damals fing ich an, immer wenn ich für irgendetwas dankbar war, ein Steinchen in einen Glasbehälter zu geben.

Anfangs hatte ich nur ein großes Einmachglas. Als ich feststellte, welch positive Wirkung meine ‚Dankbarkeitssteinchen' auf mich hatten, wurden die Gläser immer größer und immer mehr. Ich erkannte, dass, wenn man dankbar ist, man immer mehr Dinge, Situationen und Menschen im Leben anzieht, für die man dankbar sein darf. Jedes Mal wenn ich in mir Gefühle von Ärger, Ungeduld, Unzufriedenheit oder dergleichen spüre, schenke ich meinen Dankbarkeitssteinchen ganz besondere Aufmerksamkeit. Manchmal nahm ich bewusst ein paar Steinchen in die Hand und spürte ihre wunderbare Energie. Seither erkenne ich, wie schön das Leben ist und dass ich offensichtlich ‚steinreich' bin!"

Die Reporter wurden ganz still, beinahe andächtig.

Die nächste Ausgabe des Magazins zeigte nicht nur wunderbare Bilder, sondern auch ein berührendes Interview, das auf rege Resonanz stieß. Noch Jahre später bekam die Architektin Dankesbriefe vieler Leser, die ihr schilderten, welch positiver Wandel in ihrem Heim und Leben eingezogen sei.

So sind die schlichten Gläser, gefüllt mit verschiedensten Steinchen, in vielen Haushalten zu einem Trend geworden. Nachahmung und Weiterempfehlung ist erwünscht!

Nicht die Glücklichen sind dankbar.
Es sind die Dankbaren, die glücklich sind.

Francis Bacon

DIE „SONNEN-ROSE"

Es war einmal ein berühmter Rosenzüchter, der verzweifelt versuchte, den Löwenzahn aus seinem prachtvollen Garten zu verdammen.

Eines Tages bewunderte seine kleine Enkelin den blühenden Löwenzahn und meinte überglücklich, dass jene Blumen die schönsten „Sonnen-Rosen" seien, die es auf der ganzen Welt gäbe.

Da sah der Rosenzüchter die Pflanze erstmals wirklich an und plötzlich rührte das prachtvolle Gelb dieses kleinen Gewächses sein Herz.

An diesem Tag begann er, so wie seine Enkelin, den Löwenzahn zu lieben.

Zugleich wuchsen all seine Rosen noch prachtvoller – umgeben von unzähligen „Sonnen-Rosen".

Die Schönheit der Dinge lebt in der Seele dessen, der sie betrachtet.

David Hume

Vor langer, langer Zeit wurden die Gefühle geschaffen, um in den Menschen zu wohnen. Ihre Bestimmung war es, den Menschen zu einem sinnvollen, glücklichen und erfüllten Leben zu verhelfen. Die Gefühle hatten ihre eigene Rangfolge, und jeder wusste um seinen Platz und seine Bestimmung.

Die Liebe war das größte Gefühl; sie hatte für jeden ein offenes Ohr. Dicht bei der Liebe stand die Dankbarkeit; diese stärkte die Zufriedenheit ...

Lange Zeit lebten alle Gefühle harmonisch miteinander. Wurde die Sorge zu groß, kam umgehend die Zuversicht zur Hilfe. Dem großen Kummer half der Trost, ebenso wurde die Schwere von der Leichtigkeit zurückgedrängt. In diesem Sinne halfen sich alle Gefühle gegenseitig, wenn sie gebraucht wurden.

Eines Tages stellten sie fest, dass sie ihre Aufgaben kaum mehr bewältigen konnten. Manche Gefühle wurden immer öfter von den Menschen unterdrückt und kamen seltener zum Vorschein. Andere hingegen bekamen mehr Macht als ihnen lieb war.

Die Menschen erstellten zwei Kategorien für ihre Emotionen und unterteilten diese in „positive" und „negative" Gefühle.

Das Materielle, Laute und Schnelle bekam einen immer größeren Stellenwert. Hass, Wut, Neid,

Ärger, Eifersucht, Gier, Angst und Sorge wurden stärker und breiteten sich in den Menschen aus.

Die bislang positiven Gefühle wurden immer weniger wahrgenommen. Sätze wie: „Geiz ist geil", „Liebe macht blind", „Zeit ist Geld", zogen immer größere Kreise. Trotz allergrößter Anstrengungen wurden die Gefühle Liebe, Dankbarkeit, Glück, Freude, Leichtigkeit ... immer mehr verdrängt.

Das Gleichgewicht unter den Gefühlen stimmte nicht mehr. Angst und Verzweiflung erhielten immer mehr Raum, die Traurigkeit weinte viele Stunden, die Wut verwandelte sich in Hass.

Als alle Gefühle restlos überfordert waren, sprachen die Hoffnung und die Zuversicht ein Machtwort. Eine Versammlung aller Gefühle wurde einberufen. Geraume Zeit beratschlagten sie, wie sie wieder in Einklang leben könnten und erstellten folgenden Plan:

* Die Liebe soll wieder das stärkste und mächtigste Gefühl sein, denn alles, was mit Liebe geschieht, ist immer gut!

* Die Dankbarkeit erhielt auch mehr Raum, denn wenn man dankbar ist, zieht man immer mehr an, für das man dankbar sein darf.

* Die Hoffnung bekam wieder ihren Platz, denn wenn man hoffen kann, gibt man nicht so schnell auf.

* Das Glück, die Freude und die Leichtigkeit bekamen wieder ihren bedeutenden Stellenwert und umarmten sich innig.

* Die Traurigkeit war müde und durfte sich zurückziehen, mit der Erkenntnis, wichtig zu sein. Denn nur wer zur Trauer fähig ist, ist auch fähig zur Liebe und zum Glücklichsein.

* Die Angst und die Sorge durften in den Hintergrund treten. Sie wussten, dass sie schnell zum Einsatz kommen würden, wenn sie gebraucht wurden, um den Menschen vor Schlimmerem zu bewahren.

* Die Verzweiflung begnügte sich mit einem kleinen Plätzchen am Rande.

Als alle Gefühle wieder im Einklang waren, trat der Hass hervor. Mit einem zufriedenen Lächeln umarmte er die Liebe sowie alle anderen Gefühle und sprach: „Ich habe viel zu lange auf dieser Welt regiert, schon lange möchte ich gehen. Nun, da die Harmonie wieder eingekehrt ist, kann ich endlich in Frieden ziehen. Lebt wohl!"

Die Weisheit sprach das Schlusswort: „Wenn der Mensch es zulässt, seine Gefühle wahrzunehmen und jedem Gefühl seinen angemessenen Platz lässt, wird er erkennen, dass das Leben ein Geschenk ist – einzigartig und wunderschön!"

Menschen zu finden, die mit uns fühlen und empfinden, ist wohl das schönste Glück auf Erden.

Carl Spitteler

Ein Mann sitzt mit seinem 17-jährigen Sohn im Zug. Mit großen Augen schaut der junge Mann aus dem Fenster und fragt: „Papa, ist das eine Kuh?" Der Vater lächelt und antwortet: „Ja, mein Sohn." Aufgeregt spricht der Junge weiter: „Papa, diese Blumen sind Sonnenblumen, oder?" Die Antwort lautet wieder: „Ja, mein Sohn." Viele weitere Fragen folgen: „Papa, ist das ein Lastwagen? ... eine Tanne? ... ein Hubschrauber? ... ein hoher Berg ...?" Stets folgt dieselbe Antwort: „Ja, mein Sohn."

Zwischendurch zeigt der Vater in eine Richtung und sagt: „Schau, mein Sohn, der Vogel ist ein Bussard, dieser Baum ist eine Eiche und dort ist ein Rapsfeld ..."

Ein Fahrgast, der den beiden gegenübersitzt, spricht den Vater nach einer Weile an: „Bei allem Respekt, das Verhalten Ihres Sohnes ist doch sehr merkwürdig." Gespreizt weist er ihn darauf hin, dass es heutzutage doch sehr gute Kliniken für Fälle „wie diesen" gäbe und die Medizin in alle Richtungen große Fortschritte mache.

Der Vater unterbricht ihn: „Wie recht Sie doch haben!", ruft er und fährt freundlich fort: „Von solch einer Fachklinik kommen wir gerade. Mein Sohn hat vor zwölf Jahren sein Augenlicht verloren und kann seit wenigen Tagen wieder sehen."

Sichtlich beschämt senkt der Mann den Blick. Nach einer Weile wendet er sich dem Jungen zu: „Junger Mann, ich muss mich bei Ihnen entschuldigen." Und nach einer Pause sagt er noch: „Und ich möchte mich bei Ihnen bedanken. Sie haben mir eben aufgezeigt, dass ich vieles Wertvolle im Leben gar nicht mehr wahrnehme, weil ich es für selbstverständlich gehalten habe."

Immer, wenn ich mitten im Alltag
innehalte und gewahr werde,
wie viel mir geschenkt ist, werden
die zahllosen Selbstverständlichkeiten
zu einer Quelle des Glücks.
Gustave Flaubert

Das Geld, das man besitzt,
ist das Mittel zur Freiheit,
dasjenige, dem man nachjagt,
das Mittel zur Knechtschaft.

Jean-Jacques Rousseau

WAS DAS GLÜCK ZERSTÖRT

Ein chinesischer Weiser stand mit seinem Lieb-lingsschüler an einem Spielplatz. Der Jüngere frag-te: „Wie kommt es, dass alle Menschen glücklich sein wollen und es doch oft nicht werden?" Der Weise zeigte auf die Kinder und vermeinte, dass diese doch glücklich seien.

Der Schüler stellte fest: „Das sind glückliche Kinder, die im Spiel sind. Wie ist es aber um das Glück der Erwachsenen bestellt?"

„Genauso wie um das Glück der Kinder", ent-gegnete der Meister, holte aus der Tasche seines Gewandes eine Handvoll Kupfermünzen und warf diese unter die Kinder.

Plötzlich verstummte das fröhliche Lachen. Das Spielen war beendet und die Kinder stürzten sich auf die Münzen. Mit großem Geschrei und Gezeter rauften sie sich um das Geld.

Der Ältere fragte: „Was nun hat das Glück der Kinder zerstört?" „Der Streit", erwiderte der Schü-ler. „Was hat den Streit erzeugt?" Der Gefragte meinte: „Wohl die Gier." Mit einem Schmunzeln sprach der Weise: „So hast du die Antwort auf dei-ne Frage selbst gefunden."

Nach einer chinesischen Geschichte

VON DER ANGST BEFREIT

Zwei Männer waren auf der Reise zu einem fernen Ort. Der eine hatte nur wenige Groschen in der Tasche, der andere hingegen mehrere Goldstücke. Der Arme ging furchtlos seinen Weg, selbst an den gefährlichsten Plätzen konnte er ruhig schlafen. Jeden Morgen marschierte er ausgeruht und gestärkt weiter. Der Reiche jedoch wagte kaum zu schlafen. Er fürchtete, dass Diebe seine Goldmünzen stehlen könnten.

Eines Tages, als sie sich an einem See zum Nachtlager niederließen, jammerte der Wohlhabende: „Du hast es gut! Jede Nacht kannst du dich beruhigt schlafen legen. Ich dagegen verliere immer mehr meine Kräfte, da ich aus lauter Furcht um mein Geld keinen Schlaf mehr finden kann!"

„Wenn es sonst nichts weiter ist. Gib mir deine Goldstücke und ich werde dich umgehend von deiner Angst befreien!", sprach der sorglose Mann. Er nahm den Beutel mit den Münzen entgegen und warf diesen in hohem Bogen in den See. „Nun kannst du dich ruhig schlafen legen und bist von deiner Angst befreit!"

Nach einer Geschichte

Wenn du loslässt,
hast du zwei Hände frei.

Aus China

DAS VERSILBERTE GLAS

Ein junger Mann verbrachte einige Zeit im Ausland. Nach seiner Rückkehr fragte er seinen Vater, ob es sein könne, dass arme Menschen oft aufgeschlossener und hilfsbereiter seien als reiche Menschen.

„Ja, das hat einen einfachen Grund", meinte der Vater, „Schau mal aus dem Fenster und sage mir, was du siehst."

Der Sohn sagte: „Ich sehe den Himmel, Wolken, Bäume, Autos, den Park gegenüber, Männer, Frauen, spielende Kinder …"

„Nun schau in den Spiegel und sage mir, was du siehst!", forderte ihn der Vater auf.

„Hier sehe ich nur mich", meinte der Sohn.

„Dies, mein Sohn, ist die Antwort auf deine Frage. Fenster und Spiegel sind beide aus Glas. Sobald jedoch Silber dahinter steckt, sieht mancher nur sich selbst!"

Der Reichtum ist ein Diener des Weisen,
doch dem Toren spielt er den Herrn.

Nach Seneca

Ein reicher Großgrundbesitzer war in die Jahre gekommen. Da er keine eigenen Kinder hatte, wollte er sich bei seinen treuesten Arbeitern bereits zu Lebzeiten für deren Dienste erkenntlich zeigen.

So hatte er auch einen zuverlässigen Verwalter, ohne den er es nicht so weit gebracht hätte. Diesem gedachte er Land zu schenken, so viel er sich nur wünsche. Die einzige Bedingung war, dass sein künftiges Land in der Zeitspanne zwischen Sonnenaufgang und Sonnenuntergang zu Fuß zu umschreiten sei. Nur wenn er vor Sonnenuntergang wieder an seinem Ausgangspunkt angelangt sei, würde ihm all jenes Land gehören.

Der Mann war zunächst überglücklich, da er sich bewusst war, dass er keinen halben Tag brauchen würde, um das Land zu umschreiten, mit dem er bis zu seinem Lebensende ausgesorgt habe. So ging er frohen Mutes los, ohne Hast und Eile.

Doch plötzlich kam ihm der Gedanke, dass er solch eine Gelegenheit nie wieder bekäme. Er dachte an den Reichtum, den er mit einem größeren Grund erlangen könne, und seine Schritte wurden schneller.

Er malte sich aus, wozu er den neu erworbenen Reichtum verwenden könne, und er begann zu laufen. Der Großgrundbesitzer ritt währenddessen in einem gewissen Abstand hinter ihm her.

Der Verwalter prüfte stets den Stand der Sonne, um nur ja nicht den Zeitpunkt seiner Rückkehr zu versäumen. So zog er seinen Kreis und befand sich schon auf dem Weg zu seinem Ausgangspunkt. Da kam er an einem See vorbei, in dem er immer so gerne gebadet hatte. Er begann zu rennen, um sich auch diesen noch einzuverleiben. Sein Atem wurde zum Keuchen, und sein Hemd war längst bis auf die Haut durchgeschwitzt.

Kurz vor dem Ziel sah er noch das kleine Birkenwäldchen. Er warf einen Blick zur Sonne und beschloss, dass er sich nur noch ein einziges Mal abmühen müsse, dann könne er sein Leben in Saus und Braus genießen!

Da rannte er weiter, wie um sein Leben, um auch den Wald sein Eigen nennen zu können.

Gerade noch rechtzeitig erreichte er den Ausgangspunkt. Überglücklich schaute er auf seine neu erworbenen Ländereien. Doch sein Herz war dieser enormen Belastung nicht gewachsen. Er brach vor Erschöpfung zusammen und starb.

So blieb ihm nur noch ein winziges Stück Erde auf dem Friedhof, mehr brauchte er nun nicht mehr.

Nach einem Motiv von Leo Tolstoi

Wer nicht zufrieden ist mit dem, was er hat,
der wäre auch nicht zufrieden mit dem,
was er haben möchte.

Berthold Auerbach

Es waren einmal drei Kinder, die sich frühmorgens auf den Weg machten, um Pilze zu sammeln.

Lange Zeit liefen sie erfolglos im Wald umher, bis sie endlich wohlschmeckende Pilze in Hülle und Fülle fanden. Sie waren so mit dem Sammeln der kostbaren Waldfrüchte beschäftigt, dass sie unbemerkt immer tiefer in den Wald hineingerieten. Glücklich und zufrieden schauten sie auf ihre gefüllten Körbe. Als sie sich wieder auf den Heimweg machen wollten, mussten sie zu ihrem Entsetzen feststellen, dass sie sich ausweglos verlaufen hatten.

Das erste Kind überkam die Angst und Sorge: „Was ist, wenn wir die Nacht im kalten Wald verbringen müssen? Wenn wilde Tiere kommen …?"

Das zweite Kind begann zu weinen und meinte: „Hätten wir doch nur nicht den gewohnten sicheren Weg verlassen!"

Das dritte Kind lächelte und sagte: „Was seid ihr so besorgt? Freut euch doch! Schaut in eure Körbe, solch eine Ausbeute an Pilzen haben wir noch nie gesehen. Diesen Tag werden wir sicher nie wieder vergessen!"

Plötzlich hörten die Kinder aus der Ferne das Wiehern von Pferden. So schnell es ihre müden Beine und schwer beladenen Körbe erlaubten, rannten die drei in diese Richtung.

Gerade noch rechtzeitig gelangten sie an eine Straße, an der soeben eine Pferdekutsche mit drei Männern entlangfuhr.

Die Kinder beobachteten, dass der Kutscher durch ein Fernrohr sah und sehr angstvoll vorausschaute. Hinten am Wagen blickte ein Mann sehr bedrückt zurück. Bequem in der Mitte jedoch saß ein vergnügter alter Mann, der die Kinder freundlich zum Mitfahren einlud. Die Kinder sprangen erleichtert auf und bedankten sich bei den drei Männern für deren Hilfe. Doch der Vorder- und Hintermann nahmen die zugestiegenen Fahrgäste gar nicht wahr. Die Kinder fragten deshalb den vergnügten Mann, was die beiden anderen mit ihren großen Fernrohren täten?

Der Mann deutete auf den Vordermann und sagte: „Das ist Herr Zukunft. Er tut nichts anderes, als vorauszuschauen, zu planen, sich zu sorgen und zu ängstigen. Der andere ist Herr Vergangenheit. Er schaut stets nur zurück und oft bedauert oder bereut er etwas."

Neugierig fragten die Kinder, wer denn er sei?

„Mein Name ist Herr Gegenwart", antwortete er strahlend. „Ich lebe im Hier und Heute! Ich nehme alles um mich herum wahr. Die Sonne, die herrlichen Landschaften mit ihren Blumen, Bäumen, Tieren und Gebäuden. Ich sehe alle Menschen, nur so habe ich auch euch entdeckt!"

Aufmerksam lauschten die Kinder seinen Worten, als er weitersprach: „Auch ich schaue immer wieder sorgsam voraus, um meinen Weg zu erkennen. Ebenso werfe ich auch immer wieder einen Blick auf meine Vergangenheit, um aus meinen Erfahrungen zu lernen. Doch mein wirkliches Leben findet nur in der Gegenwart statt, denn das Morgen ist noch nicht geboren, und das Gestern ist bereits geschehen."

Inzwischen hatte die Kutsche den Wald verlassen, und die Kinder befanden sich wieder in ihrer vertrauten Umgebung. Sie bedankten sich vielmals bei Herrn Gegenwart, der sie sicher nach Hause gebracht und ihnen neue Erkenntnisse mit auf den Weg gegeben hatte.

An diesem Tag waren die Kinder besonders reich beschenkt worden. Sie hatten nicht nur erlesene Pilze gefunden, sondern auch noch wertvolle Erfahrungen mit auf ihren Lebensweg bekommen.

Das Heute ist alles, was wir haben.
Wenn wir dies nicht nutzen und genießen,
und dankbar dafür sind,
vergeuden wir viel wertvolle Zeit.
Die Gegenwart ist die Frucht der Vergangenheit
und der Samen der Zukunft.

DER TOLLSTE PAPA

Drei Jungen unterhalten sich über ihre Väter:

„Mein Papa ist Pilot und oft lange unterwegs. Immer wenn er nach Hause kommt, schenkt er mir Süßigkeiten."

„Mein Papa ist Manager und deshalb oft im Ausland. Immer wenn er nach Hause kommt, schenkt er mir Spielsachen."

Der dritte Junge sagt kleinlaut: „Mein Papa ist Angestellter. Jeden Abend, wenn er nach Hause kommt, schenkt er mir seine Zeit."

Die beiden anderen Jungen antworten beeindruckt: „Mann, hat dein Papa aber einen tollen Beruf!"

Die Arbeit läuft dir nicht davon,
wenn du deinem Kind den Regenbogen zeigst.
Aber der Regenbogen wartet nicht,
bis du mit der Arbeit fertig bist.

Aus China

Es war einmal ein König, dem ein weiser Berater zur Seite stand. Dieser konnte allem, was geschah, stets etwas Positives abgewinnen. Das trieb jedoch den König bisweilen zur Weißglut.

Eines Tages unternahm der Herrscher samt Gefolge einen Ausflug auf eine unbekannte Insel. Am Strand angekommen, sah der König die vielen Palmen mit ihren Früchten.

Es gelüstete ihn nach einer Kokosnuss. So nahm er seine Machete, um die harte Schale zu öffnen. Dabei entglitt ihm die Klinge, und er schnitt sich seinen kleinen Zeh ab. Der König schrie vor Schmerz und wehklagte laut!

Tröstend sagte sein Berater: „Majestät, es ist sicherlich sehr schlimm und auch sehr schmerzhaft, aber es wird bestimmt für irgendetwas gut sein!"

Als der König das hörte, platzte er vor Wut! Er befahl seinen Dienern, den Berater in ein tiefes Loch zu werfen, aus dem er alleine nie mehr herauskommen würde. Auf dem Rückweg wurde der König noch auf der Insel von wilden Eingeborenen gefangen genommen und in deren Dorf verschleppt.

Man band ihn auf einen steinernen Altar, und das ganze Volk tanzte wild um ihn herum. Ein Medizinmann mit prächtigem Federschmuck trat auf ihn zu und erklärte:

„Jedes Jahr opfern wir unserem Gott einen Gefangenen, damit er uns auch im nächsten Jahr wieder gnädig gestimmt ist!" Dabei begann er laut singend um den Altar zu tanzen.

An den Füßen des Königs angekommen, stockte der Weise plötzlich, schaute mit prüfendem Blick und rief seinen Leuten zu: „Bindet sofort diesen Mann los und lasst ihn laufen, dieser ist nicht vollkommen, es fehlt ihm ein Zeh! Unser Gott hat aber ein vollkommenes Opfer verdient!"

Umgehend eilte der Befreite, so gut es ihm mit seinem verletzten Fuß möglich war, zu seinem Berater und befahl seinen Dienern, diesen aus dem Loch zu befreien.

„Ich bitte vielmals um Vergebung für das, was ich dir angetan habe. Zu spät erhielt ich die Einsicht, dass du wieder einmal recht hattest!" Und der König erzählte noch mit Schrecken von dem Erlebnis mit den Wilden.

„Ihr braucht Euch nicht zu entschuldigen, mein Gebieter, ich wusste gleich, dass es für irgendetwas gut sein würde, als Ihr mich in das Loch werfen ließet." Erstaunt blickte der König ihn an.

Der Berater schmunzelte: „Majestät, stellt Euch nur vor, dann hätten die Wilden mich gefangen!" Es heißt, dass es dieser Berater, bis zu seinem seligen Ende, ausgesprochen gut hatte am Königshof.

Hinter manch vermeintlichem Schicksalsschlag,
verbirgt sich oftmals ein versteckter Segen.

Es war einmal ein kleiner grauer Esel, der sich den ganzen Sommer lang auf der Weide vergnügte. Seine Mutter war eine sehr angesehene und hübsche Eselin.

Als der Winter seine ersten Zeichen setzte und dicke Schneeflocken vom Himmel herabfielen, war das Eselein verzückt von der weißen Farbe, die sein Fell bedeckte. Ab diesem Tag beklagte sich der kleine Esel bei seiner Mutter, dass er kein graues Geschöpf mehr sein wolle, sondern so weiß wie der Schnee. Die Eselin erklärte ihrem Sohn, dass nun mal alle Esel grau wären. Er sei sogar ein ganz besonders hübscher grauer Esel. Doch den kleinen Esel konnten die Worte seiner Mutter nicht trösten, und er fühlte sich gar nicht verstanden.

Eines Tages zur Mittagszeit kam er an einer alten Mühle vorbei. Der Müller lag im tiefen Schlaf versunken auf der Wiese. Da nutzte der neugierige Esel die Gelegenheit, um sich in der Mühle umzusehen. Er entdeckte das viele weiße Mehl und wälzte sich darin, ohne lange zu überlegen. Über sein weißes Spiegelbild im Fensterglas war er so entzückt, dass er überglücklich davonsprang. Die Freude des kleinen Esels dauerte jedoch nicht lange an, denn ein heftiger Regenschauer brach herab, sodass seine ursprüngliche Farbe bald wieder zum Vorschein kam. Kurze Zeit später sah der Esel einen Maler auf der Leiter, welcher ein Haus mit weißer Farbe tünchte. Der Kleine rannte auf den Eimer zu, der am Boden stand, gab diesem mit seinen Hufen einen Tritt und wälzte sich vergnügt in der weißen Farbe. Bis der Maler laut fluchend von der Leiter herunterkam, war der weiße Esel längst über alle Berge.

Nun endlich war der kleine Esel von ganzem Herzen froh. Als Erstes besuchte er seinen Freund, das Lämmchen, um diesem seine weiße Pracht zu zeigen. Doch dort wurde er zuerst gar nicht erkannt und hinterher nur ausgelacht. „Du bist nur ein dummes Schaf und neidisch auf mich!", rief das Grautier und machte sich auf den Weg zu seinem besten Freund, dem Zicklein.

Dieses warf sich vor Lachen auf den Boden und konnte sich gar nicht mehr einhalten. „Was bist du nur für eine blöde Ziege!", sprach das Eselein und lief weiter. Doch auch beim Kälbchen, beim Pony und bei all seinen Freunden erging es ihm nicht anders.

Betrübt, mit hängendem Kopf, ging er nach Hause. Da schrie ihn seine Mutter an: „Was willst du hier? Verschwinde aus meinem Stall!" Kleinlaut entgegnete das Eselein: „Aber Mama, ich bin es doch, dein Sohn."

Doch diese rief weiter: „Du Lügner, mach, dass du fortkommst, du bist nicht mein Sohn. Dieser ist das wunderbarste Eselskind, das die Welt je gesehen hat, und du bist nichts weiter als ein lächerliches Geschöpf!"

Da trottete das Eselein zum See und betrachtete sich im Spiegel des Wassers. Plötzlich fühlte es sich in seinem gefärbten Fell nicht mehr wohl und stieg in das kühle Nass, um mit viel Mühe und Not seine weiße Farbe wieder abzuwaschen. Stunden später kehrte es halb erfroren in seinem gewohnten Grau in den warmen Stall zurück. Freudig wurde das Eselskind von seiner Mutter begrüßt: „Da bist du ja endlich, mein Kind. Was für ein hübscher Junge du nur bist, und was du nur für ein dichtes, glänzendes Fell hast!" Der Esel begann zu niesen und schmiegte sich ganz eng an seine Mama. Von diesem Tag an wollte er nie wieder jemand anders sein als nur er selbst!

Eigenliebe ist der Beginn
einer lebenslangen Leidenschaft.

OscarWilde

Vom Glück, mit Menschen zusammen zu sein

Freundschaft und Miteinander

Franziska, eine junge Medizinstudentin, befand sich auf der Treppe zur überfüllten U-Bahn-Station. Sie beobachtete, wie ein älterer Herr zu Boden gestoßen und seine Brieftasche gestohlen wurde.

Alle Passanten hasteten an ihm vorüber und wendeten ihren Blick ab. Franziska aber eilte auf den Mann zu, half ihm wieder auf die Beine und versorgte seine Schürfwunden. Sie gab dem Fremden noch ein paar Münzen, so dass er sein Ticket für die Heimfahrt lösen konnte.

Der Mann bedankte sich vielmals und erbat ihre Anschrift, um seine Schulden begleichen zu können. Franziska wehrte ab und meinte, dass dies doch selbstverständlich gewesen sei. Lächelnd drückte sie seine Hand und sagte: „Wissen Sie, ich habe das Vertrauen, dass all das Gute, das man im Leben gibt, auf irgendeine Weise wieder zurückkommt!" Mit diesen Worten verschwand sie in der Menge.

Einige Wochen später suchte Franziska eine Wohnung. Doch niemand wollte an eine mittellose Studentin vermieten. Verzweifelt stand sie wieder einmal in einer langen Warteschlange, um eine Wohnung zu besichtigen. Als sie endlich an der Reihe war, wurde sie hocherfreut von dem Vermieter begrüßt. Franziska erkannte in ihm den ausgeraubten Mann aus der U-Bahn wieder.

Er sah, wie begeistert sie von dieser Wohnung war.

Lächelnd sagte er: „Noch nie ist mir die Entscheidung so leicht wie heute gefallen, wem ich die Wohnung vermiete!", er drückte herzlich ihre Hand, „und bleiben Sie bei Ihrem Vertrauen, dass alles Gute wiederkehrt!"

Wer Vertrauen hat,

erlebt jeden Tag Wunder.

Peter Rosegger

An einem eisigen Wintertag wartete ich in einer überfüllten Bahnhofshalle auf meinen Zug. Beim Einsteigen herrschte ziemliches Gedränge. Deshalb nahm auch kaum jemand wahr, dass eine alte Frau von einem rücksichtslosen jungen Mann angerempelt worden war und beinahe zu Boden gefallen wäre, wenn ich sie nicht aufgefangen hätte!

Diese Frau saß mir dann im Zug dankbar gegenüber. Wir kamen ins Gespräch, und ich erkundigte mich noch einmal nach ihrem Wohlbefinden. Die Jugend von heute ist einfach nicht mehr das, was sie früher einmal war, so endeten meine Worte.

Als der Schaffner kam, um die Fahrkarten zu kontrollieren, stellte die Frau erschrocken fest, dass ihre Geldbörse gestohlen worden war! Der alten Dame kamen die Tränen und sie erzählte, dass sie eben auf der Bank ihre monatliche Rente abgehoben hatte. Im Zugabteil wurde es ganz still, und es schien, dass jeder mit dieser Frau mitempfand.

Als ein junger Mann anfing, auf seiner Mundharmonika eine fröhliche Melodie zu spielen, hätte ich mich beinahe darüber empört. Ich fragte mich, wie wenig Feingefühl doch die Jugend heutzutage haben müsse, um in solch einer Situation Heiterkeit zu verbreiten. Es kam noch schlimmer! Nach seiner Darbietung zog der junge Mann seine Mütze vom Kopf und ging im Zug umher, um Geld zu sammeln. Es schien, dass ihm wirklich alle Fahrgäste Geld gaben, ich sah sogar, dass manche Scheine zückten! Ganz zum Schluss kam er zu mir. Nein, ich wollte keinen Bettler unterstützen, der noch dazu zwei gesunde Hände zum Arbeiten hatte! Also stellte ich mich schlafend, sodass er mich zum Glück nicht ansprach.

Dann passierte jedoch etwas, das mich zutiefst erstaunen ließ. Der Mundharmonikaspieler ging zu der bestohlenen Frau und schüttete das gesammelte Geld auf deren Schoß! Er lächelte sie an und sagte, dass jeder im Zug von Herzen gerne etwas gegeben habe. Beschämt erkannte ich meinen Irrtum und wollte gerade doch noch nach meiner Brieftasche greifen.

Aber dazu war es zu spät, die alte Frau war bereits aus dem Zug ausgestiegen. Ich sah sie mit Tränen der Rührung am Bahnsteig stehen. Dankbar winkte sie den hilfsbereiten und großzügigen Menschen im Zug hinterher.

Vorurteile sind unsichtbare Handschellen.

Sprichwort

Einst wollte ein Kaiser die Weisheit seiner Untertanen prüfen. Er ließ einen Fürsten, der für seine Grausamkeit, Gier und Habsucht bekannt war, zu sich rufen und sagte ihm: „Ich möchte, dass du dich auf Reisen begibst, um einen wahrhaft guten Menschen zu finden. Bringe diesen umgehend zu mir!"

Nach langer Zeit kehrte der Fürst zum Kaiser zurück und berichtete: „Ich habe das ganze Reich bereist und überall nach einem wahrhaft guten Menschen gesucht, aber ich konnte ihn nicht finden. Alle Menschen sind grausam, habsüchtig oder böse."

Daraufhin ließ der Kaiser einen anderen Fürsten rufen, der für seine Güte und Selbstlosigkeit bekannt war, und befahl ihm: „Ich möchte, dass du dich auf die Reise machst, um einen wahrhaft bösen und grausamen Menschen zu suchen. Wenn du ihn gefunden hast, bringe ihn zu mir."

Auch jener Fürst war monatelang unterwegs, auf der Suche nach bösen Menschen. Schließlich kehrte er zum Kaiser zurück und berichtete: „Ich konnte nicht finden, was ich suchen sollte.

Es mag Menschen geben, die Fehler machen – vielleicht weil sie misshandelt, unterdrückt oder irregeleitet wurden. Doch ich konnte niemanden finden, der wirklich von Grund auf böse ist. In ihrem Herzen sind alle Menschen gut."

Nach einer Geschichte aus dem Hindu

Das Glück deines Lebens hängt von der Beschaffenheit deiner Gedanken ab.

Mark Aurel

Ein kleiner Junge war zu Besuch bei seinem alten Großvater. In dessen Garten sah er erstmalig eine echte Schildkröte. Voller Begeisterung rannte er sofort auf das Tier zu, um es näher zu betrachten. Doch im selben Augenblick zog sich die Schildkröte komplett in ihren Panzer zurück.

Da sah der Großvater, wie sein Enkel sich vergeblich abmühte, das Tier mit einem Stöckchen wieder herauszulocken. Er fragte den Jungen, ob er ihm zeigen dürfe, wie die Schildkröte von ganz allein wieder aus ihrem Panzer hervorkäme?

Als der Junge dies bejahte, nahm der alte Mann das kleine Geschöpf mit ins Haus und setzte es auf den Boden vor den warmen Kachelofen. Nach wenigen Minuten wurde es dem Tier warm. Es streckte seinen Kopf und seine Füße aus dem Panzer hervor und kroch direkt auf den Jungen zu.

Fragend schaute der Enkel zu seinem Großvater. Dieser erklärte: „Weißt du, viele Menschen sind den Schildkröten sehr ähnlich. Manche bauen zu ihrem vermeintlichen Schutz einen Panzer um sich herum auf und verkriechen sich darin. Mit Zwang kann man sie niemals daraus hervorlocken. Doch mit Wärme und Geduld verlassen sie ganz freiwillig ihren Panzer."

Wahre Freundschaft ist eine
sehr langsam wachsende Pflanze.

George Washington

Es war einmal ein alter Bauer, der seinen letzten Jahren entgegen sah. Der Mann hatte zwei Söhne, die er nach dem frühen Tod seiner Frau, ohne mütterliche Führung, erzogen hatte.

Im Laufe der Jahre überkam ihn immer öfter der Zweifel, ob er seinen Söhnen wohl das Wichtigste für ihr Leben vermittelt habe.

So ließ er sie eines Tages zu sich kommen und sprach: „Ich bin alt und gebrechlich geworden. Meine Spuren und Zeichen werden bald verblassen. Um in Frieden gehen zu können, möchte ich, dass ihr in die Welt hinaus zieht und eure ganz eigenen Spuren und Zeichen hinterlasst. Kehrt jedoch innerhalb eines Jahres wieder zurück, sodass ich eure Zeichen noch erblicken kann."

Die Söhne folgten dem Geheiß ihres Vaters und zogen in die Welt hinaus. Der Ältere begann sogleich eifrig damit, Grasbüschel zusammenzubinden, Zeichen in Bäume zu schnitzen, Steinberge zu errichten und Löcher zu graben, um seinen Weg zu kennzeichnen.

Der jüngere Sohn hingegen ging in die Dörfer. Er sprach mit allen Menschen, denen er begegnete, er feierte, tanzte und spielte mit den Kindern.

Der ältere Sohn wurde zornig darüber und dachte bei sich: „Ich arbeite von früh bis spät und hinterlasse meine Zeichen, mein Bruder hingegen vergnügt sich nur."

Als beide Söhne wieder heimkehrten, nahm der Vater, gemeinsam mit seinen Söhnen, seine letzte Reise auf sich, um ihre Zeichen zu sehen. Sie kamen zu den gebundenen Grasbüscheln. Doch der Wind hatte sie verweht, und sie waren kaum noch zu erkennen. Viele der gekennzeichneten Bäume waren gefällt worden. Auf den Steinhaufen hatten Kinder gespielt und diese zerstört. Sogar die Löcher, die der ältere Sohn mühsam gegraben hatte, waren fast alle wieder zugeschüttet. Aber wo immer sie auf ihrer Reise hinkamen, liefen Kinder und Erwachsene auf den jüngeren Sohn zu und freuten sich, dass sie ihn wiedersahen, und luden ihn zum Essen und zum Feiern ein.

Am Ende der Reise sagte der Vater zu seinen Söhnen: „Ihr habt beide versucht, Zeichen zu setzen und Spuren zu hinterlassen, um meinen Auftrag zu erfüllen. Du, mein Älterer, hast viel geleistet und gearbeitet, aber deine Zeichen sind verblichen. Du, mein Jüngerer, hast Zeichen und Spuren in den Herzen der Menschen hinterlassen. Diese bleiben und leben weiter."

Nach einem afrikanischen Märchen

LEBEN UND LEBEN LASSEN

Ein Rabbi und ein katholischer Pfarrer saßen bei einem Festmahl nebeneinander am Tisch.

Nachdem der Pfarrer mit Genuss seinen Schweinebraten verspeist hatte, stichelte er: „Rabbi, werden Sie jemals so tolerant sein, dieses köstliche Schweinefleisch zu probieren?"

„Natürlich, Herr Kollege", antwortete der, „an Ihrem Hochzeitstag!"

Ein toleranter Mensch
ist niemals dumm,
und ein dummer Mensch
ist niemals tolerant.

Aus China

EINE ANDERE ART VON PREDIGT

Einst lebte in einem Dorf eine Krämerin namens Martha. Sie war freundlich und hilfsbereit, jedoch überaus neugierig. Da in ihrem Laden stets ein reger Austausch unter den Kunden stattfand, hörte sie vieles, was in ihrem Dorf oder in der Welt geschah. Wenn jemand Neuigkeiten erfahren wollte, erkundigte sich dieser bei Martha. Manchmal fehlte ihr jedoch das nötige Feingefühl, und sie plauderte stets alles weiter, was sie gesehen und gehört hatte.

Im Laufe der Jahre wurde zum Leidwesen der Krämerin ihr Gehör immer schlechter. So tat sie sich immer schwerer, den tuschelnden Gesprächen ihrer Kunden zu folgen. So geschah es, dass Martha ein Gespräch von zwei Frauen belauschte, die sich sehr lobend über ihren alten Herrn Pfarrer unterhielten. Aber da spielten ihr die Ohren einen bösen Streich. Sie vermeinte schlimme Dinge über den Pfarrer gehört zu haben. Wie im Flug machte eine hässliche Verleumdungsgeschichte weit über die Grenzen der Gemeinde hinweg die Runde.

Der Pfarrer, der von den üblen Gerüchten hörte, betrat den Laden der Krämerin und sprach sie freundlich darauf an. Inzwischen hatte Martha ihren Irrtum längst eingesehen und bedauerte ihre Worte zutiefst. Sie versprach dem alten Pfarrer, alles unwahr Gesprochene wieder richtigzustellen und bat ihn vielmals um Verzeihung.

Der Pfarrer sprach: „Gerne werde ich dir verzeihen, doch vorher bitte ich dich um drei Gefallen." Die beschämte Frau versprach ihm, alles zu tun, was er nur wünsche. So sprach er: „Als erstes schlachte eines deiner Hühner und bringe mir dessen Federn." Erleichtert, Buße tun zu können, eilte die Frau mit einem Korb Federn zur Kirche. Der kluge Pfarrer bestieg mit ihr den Kirchturm, und oben angekommen, hieß er sie als zweites, den Korb Federn auf das Dorf hinab auszuleeren.

Als dies getan war, sprach er seinen dritten Wunsch aus: „Nun geh hin und sammle alle Federn wieder ein!" Erschrocken antwortete die Krämerin: „Das ist unmöglich! Der Wind hat die Federn bereits in alle Himmelsrichtungen verweht!"

„Siehst du", sagte der weise Pfarrer, „ein Gerücht, einmal ausgestreut, verbreitet sich durch alle Winde, und wir wissen nicht wohin. Wie könnte man jemals die gesprochenen Worte wieder alle zurücknehmen?"

Inspiriert von einer alten Geschichte

Das Gerücht ist blind,
aber es läuft schneller
als der Wind.

Deutsches Sprichwort

AN DER RICHTIGEN STELLE ANFRAGEN

In einem noblen Bezirk eines New Yorker Stadtteiles sprach ein Farbiger beim Pfarrer mit der Bitte vor, in den Pfarrgemeinderat aufgenommen zu werden. Der Pfarrer antwortete etwas reserviert: „Ich bin mir nicht sicher, ob unsere Gemeindemitglieder Sie auf die Liste setzen würden.

Schlafen Sie erst einmal eine Nacht darüber und fragen beim Abendgebet den Allmächtigen, was er dazu meint."

Am nächsten Tag suchte er wieder den Pfarrer auf und bedankte sich für seinen guten Ratschlag: „Ich sprach mit dem Allmächtigen über diese Angelegenheit. Er sagte mir, ich solle bedenken, dass es sich hier um eine sehr exklusive Kirche handele und ich vermutlich nicht hineinkommen werde. Er selbst versuche dies schon seit vielen Jahren, und bis heute sei es ihm noch nicht gelungen."

Nach einer Erzählung

Die Menschenrechte beginnen,
wo die Vorurteile enden.

Marie Joseph de Motier

Ein edler Herr hatte eine Panne mit seinem Wagen. Nachdem seine Reparaturversuche gescheitert waren, musste er wohl oder übel einen Fußmarsch zum nächsten Ort in Kauf nehmen. Nach vielen Stunden des Laufens über staubige Straßen und in glühender Hitze suchte er durstig und hungrig das nächste Restaurant auf. Der Ober sah den Mann in ölverschmierter, schmutziger Kleidung und rümpfte seine Nase.

Er führte ihn zu dem abgelegensten Tisch in einer dunklen Ecke. Widerwillig servierte er den bestellten Krug Wasser und brachte die Karte.

Der Gast wurde beinahe wie Luft behandelt. Als der Mann zahlte, steckte er dem Ober ein großzügiges Trinkgeld zu. Dieser zeigte sich sichtlich verwundert, jedoch erfreut.

Am nächsten Tag ging der edle Herr wieder in das Restaurant. Dieses Mal wurde er von dem Ober fürstlich empfangen und an den schönsten Tisch geleitet. Der erlesenste Wein sowie die besten Speisen wurden aufgetragen. Der Ober überschlug sich förmlich in Zuvorkommen und Freundlichkeit. Als der Gast die Rechnung beglich, zeigte sich der Ober sichtlich verwundert und enttäuscht, als er für den besonderen Service nur eine kleine Kupfermünze erhielt. Der Herr bemerkte dies und sagte:

„Gestern habe ich Ihnen für den Service von heute gedankt, und heute bekommen Sie den Lohn für den Service von gestern."

Wenn eine Wahrnehmung zu vorschnell getroffener Einschätzung führt, dann braucht man sich nicht zu wundern, wenn daraus resultierende Handlungen folgen.

In meiner Jugend war das Fußballspielen mein Lebensinhalt. Ich verbrachte jede freie Stunde mit meinen Kumpels auf dem Bolzplatz. Fast täglich sah ich am Rande des Platzes einen Jungen, der alleine mit seinem Ball vor sich hin kickte.

Raphael war neu an der Schule und ging in meine Parallelklasse. Ich mochte ihn nicht ansprechen. Was soll man auch zu einem Jungen sagen, der keine Arme hat?

Bald darauf wurde ich zum neuen Kapitän der Schulmannschaft gewählt und war mächtig stolz! Ich war ein richtig cooler Typ! Unter meiner Führung siegten wir fast immer, und die Mädchen scharten sich reihenweise um mich!

Am Ende der Saison hatten wir ein äußerst wichtiges Spiel, von dem unser Aufstieg in die nächste Liga abhing! Doch an jenem ereignisreichen Tag mussten wir ohne Austauschspieler ins Spiel gehen, da ein schlimmer Virus die Hälfte meiner Mannschaft lahmgelegt hatte. Die Gegner sahen darin ihre Chance und setzten noch dazu unseren besten Spieler außer Gefecht. Ich schaute hilflos in die Zuschauermenge und entdeckte dort Raphael.

Ich hatte nichts mehr zu verlieren, und so rief ich ihm zu: „Hey, Raphael, kannst du uns aushelfen?"

Er warf sich unser Trikot über und kam zu uns auf das Spielfeld. Lag es daran, dass unsere Gegner von dem Erscheinungsbild unseres neuen Spielers irritiert waren oder an seiner genialen Spieltechnik? Ich weiß es nicht. Wichtig war, dass wir gewonnen haben. Und nicht einfach nur gewonnen, sondern mit einem sensationellen Ergebnis von 10:1!!!

Nach dem Spiel nahm ich Raphael in die Arme, um mich bei ihm zu bedanken. Niemals werde ich diese Umarmung vergessen. Ich lernte, dass Berührungen nicht von Körperteilen kommen, sondern aus dem Herzen!

Von diesem Tag an entwickelte sich eine Freundschaft zwischen uns. Wir gingen gemeinsam zum Fußball, ins Kino und auf Partys. Raphael blühte immer mehr auf. Er wurde zum besten Spieler unserer Mannschaft.

Zum Schulabschluss sollte Raphael als Schülersprecher eine Rede halten. Ich hätte nicht mit ihm tauschen wollen. Auf der Bühne vor Hunderten von Menschen zu sprechen, das war echt nicht mein Ding.

Raphael bestieg sichtlich aufgeregt das Podium. Er begann seine Rede und holte weit aus. Er erklärte den Zuhörern, dass er bereits ohne Arme auf die Welt gekommen sei. Seine Eltern hatten ihn jedoch nie seinen körperlichen Mangel spüren lassen, und in seinem Heimatdorf hatte er seinen festen Platz in der Gemeinschaft. Als jedoch seine Eltern bei einem tragischen Autounfall ums Leben kamen, musste er zu seiner Großmutter ziehen. Ganz alleine in der fremden Stadt, ohne Freunde, kam er sich ziemlich verloren vor. Er schluckte kurz und sprach weiter:

„Das war die schlimmste Zeit meines Lebens. Ich sah keinerlei Sinn mehr in meinem Dasein und überlegte schon, mir das Leben zu nehmen. Doch das konnte ich meiner Großmutter nicht antun, die sich so rührend um mich kümmerte und versuchte, mir Vater und Mutter zu ersetzen." Im Publikum vermeinte man, eine Nadel fallen zu hören.

Raphael lächelte mir dankbar zu und fuhr fort: „Die Lebensfreude kehrte an jenem Tag wieder zu mir zurück, an dem mich mein bester Freund auf das Fußballfeld rief."

Ein wahrer Freund ist der, der deine Hand nimmt, aber dein Herz berührt.

Gabriel Garcia Marquez

MIT LIEBE GEMACHT

Eines Tages lehrte eine Mutter ihrer kleinen Tochter das Stricken.

Das Kind war ganz begeistert von der Kunst mit der Wolle. Da es kurz vor Weihnachten war, wollte das kleine Mädchen ihre Mama mit einem selbst gestrickten, bunten Schal überraschen. Es sammelte alle Wollreste zusammen und verbrachte jede freie Minute heimlich in seinem Zimmer, um die unzählbar vielen Maschen zusammenzufügen.

An Heiligabend wurde, gerade noch rechtzeitig, das Geschenk fertig. Doch da entdeckte das Kind, dass es eine Masche fallen gelassen hatte, die nun ihrer Wege ging und ihr Werk ruinierte!

Das Mädchen saß mit Tränen in den Augen vor dem geschmückten Weihnachtsbaum, umgeben von vielen Paketen.

Ihre Mutter fragte sie besorgt, ob etwas geschehen sei?

Da erzählte sie, dass sie die Mutter doch mit einem Schal hatte überraschen wollen, und nun sei die ganze Arbeit umsonst gewesen! Lange betrachtete die Mutter den Schal und sagte gerührt, dass sie noch nie ein Strickwerk gesehen hätte, das mit so viel Liebe gemacht worden sei!

Dann fragte die Frau ihre Tochter, ob sie ihr einen kleinen Trick zeigen dürfe, den sie selbst auch immer wieder mal anwenden würde. Sie holte kurzerhand eine Häkelnadel aus dem Nähkorb und rettete die gefallene Masche.

Die folgenden Worte behielt das Kind zeitlebens in seinem Gedächtnis! „Weißt du", sprach die Mutter, „Tausende von Maschen hast du wunderbar gestrickt. Nur wegen der einen Fallengelassenen bleiben immer noch Tausende von tadellosen Maschen!

Meist lassen sich im Leben kleine Fehler ohne Schwierigkeiten wieder beheben. Die Liebe, die hinter dieser Arbeit steckt, ist viel mehr wert als ein tadelloser, gekaufter Schal. Für mich ist dein Schal das schönste Geschenk, das ich je bekommen habe!"

So wurde es für das kleine Mädchen doch noch ein unvergesslich schöner Weihnachtsabend. Seine Tränen verwandelten sich umgehend in ein strahlendes Lächeln.

Das wahre Geschenk besteht nicht in dem, was gegeben oder getan wird, sondern in der Absicht des Gebenden oder Handelnden.

Lucius Annaeus Seneca

Wie grausam doch das Schicksal zuschlagen kann! Erst im Jahr zuvor hatte Johann seine geliebte Frau verloren. Und nun war bei seinem einzigen Kind, seinem kleinen Sonnenschein Isabella, ein Tumor festgestellt worden.

Johann verließ mit hängendem Kopf das Personalbüro. Er hatte seinen kompletten Urlaub beantragt, um bei seiner vierjährigen Tochter bleiben zu können, die schon bald in einer Spezialklinik operiert werden musste. Doch zu seiner großen Bestürzung erfuhr er, dass er nur noch wenige Urlaubstage zur Verfügung hatte. Unbezahlten Urlaub konnte er sich nicht leisten. Wie ein Lauffeuer verbreitete sich diese Hiobsbotschaft unter den gut 500 Mitarbeitern an seiner Arbeitsstätte. Seine Kolleginnen und Kollegen waren mehr als nur bestürzt. Ein außergewöhnlicher Spendenaufruf wurde organisiert, zu dem jeder gerne eine Kleinigkeit beisteuerte. So erhielt Johann einen Fond von weit über 1000 gespendeten Arbeitsstunden, um so lange wie nötig bei seinem Kind bleiben zu können!

Der Vater war überwältigt von der enormen Anteilnahme der Kolleginnen und Kollegen. Tränen der Rührung standen in seinen Augen.

Trotz der schweren Operation des kleinen Mädchens verlief der Heilungsprozess außergewöhnlich gut und schnell. Der Vater verbrauchte nicht einmal die Hälfte seiner „Spende", bis seine Tochter wieder munter und fidel im Kindergarten herumspringen konnte.

Seit dieser Zeit blieben die nicht verbrauchten „Spenden-Stunden" in einem Mitarbeiter-Not-Fond. Immer wieder floss ein kleiner Anteil von den Überstunden der Angestellten mit ein, sodass Kollegen in Notsituationen mit gutem Gewissen daraus schöpfen konnten.

Mittlerweile sind viele Jahre ins Land gezogen, und Isabella ist nun auch für diese Firma tätig, der Johann Zeit seines Lebens treu geblieben ist. Vater und Tochter sind sich nach wie vor einig, wenn sie an die damalige schwere Zeit zurückdenken: „Viele kleine Kleinigkeiten, die von Herzen kommen, bewirken etwas ganz wunderbares Großes!"

Wer einen Menschen rettet,
rettet die Welt.
Talmud

DAS WEIHNACHTSMÄRCHEN

Jedes Jahr zur Weihnachtszeit wurde am Theater in unserer Stadt ein Märchen aufgeführt. In unserer Familie ist es zur Tradition geworden, diese Veranstaltung zu besuchen. Obwohl unsere Ältesten bereits das Teenageralter erreicht hatten, zogen sie diesen besonderen Anlass sogar einem Kinobesuch vor.

So standen wir also wieder einmal in der alljährlichen Warteschlange vor der Kasse. Meine Tochter stupste mich an und meinte: „Schau mal, Mama, dort vorne die Familie mit den vielen Kindern ist echt süß! Ich glaube, die sind zum allerersten Mal in einem Theater." Ich folgte ihrem Fingerzeig und sah ein Paar mit fünf kleinen Kindern, welche ganz aufgeregt herumzappelten. Die Familie wirkte so, als ob ein Theaterbesuch etwas Außergewöhnliches darstellte. Sie waren einfach, dennoch korrekt gekleidet. Mittlerweile waren alle Umstehenden entzückt von der Vorfreude der Kinderschar vor uns.

An der Kasse wurde dem Mann mitgeteilt, dass die günstigsten Karten ausverkauft, jedoch in der nächsten Kategorie reichlich Plätze vorhanden seien. Als der Vater sich nach dem Preis der noch verfügbaren Tickets erkundigte, schien alle Farbe aus seinem Gesicht zu weichen.

Ich dachte gerade: „Die armen Kinder, wie enttäuscht werden sie sein, so kurz vor dem Ziel wieder umkehren zu müssen!"

Ganz ähnliche Gedanken musste wohl auch mein Mann gehabt haben, denn er stand plötzlich neben dem Vater – bückte sich – dann klopfte er diesem auf die Schulter und sagte: „Verzeihen Sie, mein Herr, dieser Geldschein ist Ihnen eben aus der Tasche gefallen." Fassungslos und zutiefst gerührt erkannte der Vater das Geschenk, das gerade seiner Familie gemacht wurde. Er bedankte sich vielmals, und ich vermeinte Tränen der Rührung in den Augen der Mutter zu erkennen.

Nicht nur ich war unglaublich stolz auf meinen Mann, der derart spontan und herzlich reagiert hat. Auch für unsere Kinder war er der Held des Tages!

Welches auch die Gaben sein mögen,
mit denen du erfreuen kannst, erfreue.
Ovid

Ein Mann hatte gerade mit seinem neuen Auto die Waschstraße verlassen, als schon ein Junge herbeilief und mit großer Begeisterung seinen Wagen polierte. „Sie haben aber einen tollen Wagen, gehört der Ihnen?" Lächelnd gab er zur Antwort: „Ja, den hat mir mein Bruder geschenkt."

Der Junge schaute verwundert zu dem Mann. „Sie haben nichts dafür bezahlt und ihn einfach geschenkt bekommen?" Der Mann nickte. „Ach ich wünschte …", begann der Junge zögerlich.

Dem Mann war völlig klar, was sich der Junge wünschte: Er wollte auch so ein Auto besitzen. Aber als der Junge weitersprach, traute er seinen Ohren kaum. „Ich wünschte mir, dass ich auch so ein Bruder sein könnte!"

Diese unerwarteten Worte des Kindes rührten das Herz des Älteren, so fragte er: „Hast du Lust auf eine kleine Stadtrundfahrt?" Die Augen des Jungen glänzten vor Freude: „Wirklich? Sie würden mich wirklich mitnehmen? Mensch, das wäre gigantisch!"

Nachdem sie eine Weile durch die Stadt gefahren waren, fragte der Junge plötzlich ganz aufgeregt: „Entschuldigen Sie, aber dort vorne wohne ich. Könnten Sie bitte anhalten und kurz auf mich warten?" Der Fahrer nickte mit einem Schmunzeln und dachte bei sich, dass der Knabe wohl Geschwistern oder Nachbarn das tolle Auto zeigen wollte, in dem er mitfahren durfte.

Doch er sollte sich erneut täuschen. Keine Minute später kam er wieder aus dem Haus und schob einen Rollstuhl, in dem ein kleiner Junge saß.

Er beugte sich zu ihm hinunter: „Schau Bruderherz, das ist das Auto, welches dieser Mann von seinem Bruder einfach so geschenkt bekam. Eines Tages werde ich dir auch so einen Wagen schenken, dann kannst du überall dort hinfahren, wo es dir gefällt!"

Tief bewegt stieg der Mann aus dem Wagen, hob den Kleinen aus dem Rollstuhl und setzte ihn auf seinen Beifahrersitz. Dabei wurde er von zwei Augenpaaren angestrahlt. Die drei machten einen Ausflug durch die Stadt und über das Land. Einen Ausflug, den keiner von ihnen jemals wieder vergessen würde.

Nach einer Geschichte

Das Geheimnis des Glücks liegt nicht im Besitz, sondern im Geben. Wer andere glücklich macht, wird glücklich.

André Gide

AUF DICH KOMMT ES AN!

Wenn der Stein denken würde:
„Ein einzelner Stein kann keine Mauer aufrichten",
gäbe es keine Häuser.
Wenn ein Wassertropfen denken würde:
„Ein einzelner Wassertropfen kann keinen Fluss bilden",
gäbe es keinen Ozean.
Wenn das Weizenkorn denken würde:
„Ein einzelnes Weizenkorn kann keinen Acker besäen",
gäbe es keine Ernte.
Wenn ein Sonnenstrahl denken würde:
„Ein einzelner Sonnenstrahl kann keinen Tag erhellen",
gäbe es kein Licht.
Wenn der Mensch denken würde:
„Eine einzelne Liebesgeste rettet die Menschheit nicht",
gäbe es weder Freundschaft noch Frieden
auf der Welt.

Wie das Haus jeden Stein benötigt,
der Ozean jeden Wassertropfen,
die Ernte jedes Weizenkorn,
das Licht jeden Sonnenstrahl,
so benötigt der Friede dich,
deine Einzigartigkeit
und deine Liebe.

Nach einer afrikanischen Weisheit

Ein kleiner Junge saß traurig auf einer Bank am Rande des Spielplatzes.

Eine Dame setzte sich neben ihn. Nach einer Weile fragte die Frau freundlich, weshalb er nicht mit den anderen Jungen spiele?

Da erklärte er ihr, dass ihm nicht zum Lachen zumute sei. Seine kleine Schwester habe eine schlimme Krankheit mit den Augen, und nun weine sie jeden Tag, weil es nicht mehr hell würde! „Meine Mama sagt, dass nur eine sehr teure Operation helfen würde, damit sie jemals wieder sehen könne."

Da meinte die Dame, dass solch eine Operation sicherlich gelingen würde.

„Das glaube ich ja auch", sprach der Junge aufgeregt weiter, „aber wir haben kein Geld. Jeden Tag sage ich zu meinem Papa, dass er ein Wunder machen soll. Er ist doch schon im Himmel und kann doch mit dem lieben Gott sprechen."

Diese Worte rührten an das Herz der guten Frau. So fragte sie ihn, warum er nicht selbst einen Brief an den lieben Gott schreibe? „Wünsche von Kindern, die an Wunder glauben, gehen am allerschnellsten in Erfüllung!"

Die Augen des Jungen leuchteten kurz auf, doch dann sagte er kleinlaut, dass er ja noch nicht schreiben könne. Die Dame bot ihm an, den Brief für ihn zu schreiben. Als sie ihn nach seiner Adresse befragte, konnte er ganz stolz den Straßennamen sowie die Hausnummer benennen.

In der darauffolgenden Woche brachte der Postbote einen Brief, in dem Folgendes stand:

„Ein kleiner Junge hat Gott um ein Wunder gebeten, dieser Wunsch wird umgehend erfüllt! Bitte bringen Sie Ihre Tochter am nächsten Dienstag in das Krankenhaus. Der Professor persönlich wird die gewünschte Operation durchführen. Als Bezahlung wird erbeten, dem Facharzt einen Apfelkuchen zu backen, den er über alles liebt."

Von diesem Tag an glaubte der kleine Junge an Wunder. Es war ja auch ein Wunder gewesen, dass sich die Frau eines berühmten Augenspezialisten zufällig zu ihm auf die Bank gesetzt hatte.

Wunder geschehen plötzlich.
Sie lassen sich nicht herbeiwünschen,
sondern kommen ungerufen,
meist in den unwahrscheinlichsten Augenblicken,
und widerfahren denen,
die am wenigsten damit gerechnet haben.

Georg Christoph Lichtenberg

Vom Glück des Herzens

Liebe und Partnerschaft

Ein junges Mädchen befragte ihre Großmutter: „Sag mir, jeder spricht von der Liebe – wie kann ich die Liebe erkennen?"

„Mein liebes Kind", sprach die Großmutter, „als ich so alt war wie du, wollte ich auch die Liebe sehen. Meine Großmutter erklärte mir, dass man die wahre Liebe nur mit dem Herzen sehen könne.

Als ich deinen Großvater kennenlernte, verglich ich die Liebe mit der Sonne. Die strahlende Sonne konnte ich mit bloßem Auge nicht anschauen. Genauso wenig kann jemand die Liebe mit dem bloßen Auge sehen. Jedoch erkannte ich, dass die Sonne, ebenso wie die Liebe, den Tag erhellt und in der Nacht den Mond und die Sterne beleuchtet. Auch wenn Wolken am Himmel stehen oder alles im Nebel versinkt, die Sonne bleibt trotzdem. Sie kann Schnee und Eis schmelzen sowie die Natur zum Blühen bringen. Die Sonne umhüllt dich mit Licht und Wärme und lässt durch den Sonnenaufgang und Sonnenuntergang ihre wahre Größe erkennen."

Das Mädchen dachte eine Weile über die Worte der Großmutter nach. „Ich denke, ich habe die Sonne im Herzen!", meinte das Mädchen schließlich mit einem strahlenden Lächeln.

Man sieht nur mit dem Herzen gut.
Das Wesentliche
ist für die Augen unsichtbar.

Antoine de Saint-Exupéry

Es war einmal ein Prinz, der sich unter den vielen Frauen des Landes nicht entscheiden konnte, welche er zur Frau nehmen wollte. Natürlich sollte die künftige Braut auch schön sein, aber ebenso wichtig war ihm, dass er ihr blind vertrauen konnte.

Dem Ratschlag seiner klugen Mutter folgend, wurden alle Mädchen im heiratsfähigen Alter zu einem Fest geladen. Der Prinz überreichte jeder jungen Frau ein Samenkorn und erklärte, dass er diejenige, welche nach zwölf Wochen die schönste Blume brächte, zu seiner Gemahlin nehmen würde.

Eine junge Prinzessin, die den Thronfolger schon seit langer Zeit heimlich verehrte, nahm glücklich ihr Samenkorn entgegen und setzte es mit viel Liebe und Sorgfalt in fruchtbare Erde. Voller Hingabe bewässerte und düngte sie es und redete ihm gut zu.

Woche um Woche verging, aber der Samen wollte nicht aufgehen. Die Prinzessin holte sich Rat beim Gärtner, doch auch der Experte wusste nicht, wie er ihr helfen konnte.

Als die zwölf Wochen vorüber waren, ging die Prinzessin schweren Herzens mit ihrem Blumentopf, ohne jegliches Grün, zum Schloss. Im Empfangssaal verbreitete sich ein betörender Duft von den vielen herrlich leuchtenden Blumen, welche die Damen mitgebracht hatten.

Der Prinz betrachtete jede einzelne von ihnen. Im Anschluss verkündete er, dass er seine Wahl getroffen habe, und ging auf die Prinzessin zu. Sofort beschwerten sich die anderen Frauen, dass die Entscheidung gerade für jene gefallen war, die nicht einmal den Samen hatte zum Keimen bringen können!

Daraufhin erklärte der Prinz, dass seine Auserwählte die einzig würdige Braut in diesem Raum sei. Und er blickte mit königlicher Strenge in die Runde und verkündete: „Vor zwölf Wochen habe ich jeder einzelnen von euch einen unfruchtbaren Samen überreicht. Eine Blume hätte gar nicht gedeihen können. Meine zukünftige Gemahlin brachte mir daher die allerschönste Blume. Die Blume der Ehrlichkeit."

Ehrlichkeit und Vertrauen sind das wichtigste Fundament der Liebe.

Als Großvater gestorben war, besuchte ich wieder öfters meine Großmutter. Häufig fand ich sie im Garten, auf ihrer Lieblingsbank unter einem Lindenbaum sitzend. Wie oft hatte ich, in all den Jahren, die beiden dort händchenhaltend sitzen sehen.

Als ich meiner Großmutter sagte, dass dieser Lindenbaum der allerschönste sei, den ich je in meinem Leben gesehen hätte, meinte sie: „Das ist ja auch keine gewöhnliche Linde, sondern ein Baum der Liebe. Dein Großvater und ich haben ihn gemeinsam zu unserer Hochzeit gepflanzt."

Ich nickte: „Deshalb ist er so prächtig gewachsen."

Die Großmutter schüttelte den Kopf: „Der Baum wollte von Anfang an nicht richtig gedeihen. Unsere Ehe war auch keine harmonische Beziehung. Wir zankten viel und stritten heftig, und nach drei Jahren überlegten wir sogar, ob wir uns nicht lieber trennen sollten. Zu dieser Zeit schien es, als ob unser Hochzeitsbaum eingehen würde.

So beschlossen wir, unsere Entscheidung von dem Bäumchen abhängig zu machen. Sollte es sterben, so wollten wir uns trennen. Sollte der Baum jedoch gedeihen, so wollten wir unserer Ehe noch eine Chance geben. Du wirst es kaum glauben, was dann geschah", sagte sie mit einem Schmunzeln. „Immer wieder haben wir uns gegenseitig dabei ertappt, wie wir heimlich dem Bäumchen Wasser gaben."

Es ist mit der Liebe wie mit den Pflanzen:
Wer Liebe ernten will, muss Liebe säen.

Jeremias Gotthelf

Ich möchte dich lieben, ohne dich einzuengen.
Ich möchte dir etwas schenken,
ohne Erwartungen daran zu knüpfen.
Ich möchte dich wertschätzen,
ohne dich zu bewerten.
Ich möchte deine innigsten Gefühle kennen,
ohne dir zu nahe zu treten.
Ich möchte dir Zeit schenken,
ohne dir Zeit zu stehlen.
Ich möchte dich einladen,
ohne Gegenleistung zu erwarten.
Ich möchte mich an dich schmiegen,
ohne dich zu erdrücken.
Ich möchte mich um dich kümmern,
ohne dich ändern zu wollen.
Ich möchte dir meinen Kummer erzählen,
ohne dich traurig zu stimmen.
Ich möchte dir helfen,
ohne mich aufzudrängen.
Ich möchte dich um Hilfe bitten,
ohne dich auszunützen.
Ich möchte dich bei mir haben,
ohne dich einzusperren.
Ich möchte dir zuhören,
ohne dir ins Wort zu fallen.
Ich möchte dir vertrauen,
ohne Rechtfertigung von dir zu fordern.

Ich möchte dich genießen,
ohne dich zu bedrängen.
Ich möchte dich lieben – genauso wie du bist.

Wenn du mir ebenso begegnen möchtest:
* Sind wir frei und trotzdem eng verbunden.
* Sind wir frei von jeglicher Erwartung und Zwang.
* Sind wir frei für die wahre Liebe.

Vergiss nicht, dass die beste Beziehung die ist,
in der eure Liebe füreinander euer Bedürfnis,
einander zu brauchen, übersteigt.

Dalai Lama

DIE KUNST DER GEMEINSAMKEIT

Zusammen mit ihrer Familie feierten Berta und Josef ihren 60. Hochzeitstag.

Sie galten als ein sehr harmonisches Ehepaar. Sie wurden von ihren Enkelkindern befragt: „Wie habt ihr es geschafft, dass ihr nach so langer Zeit immer noch zusammen seid?" Opa schmunzelte und die Oma gab zur Antwort: „ Wisst ihr, wir wurden in einer Zeit geboren, in der man kaputte Dinge noch reparierte, anstatt sie einfach wegzuwerfen!"

Das eindrucksvollste Beispiel von Toleranz
ist eine diamantene Hochzeit.

LIEBE IST EIN GESCHENK DES HIMMELS

Liebe ist ein Geschenk des Himmels –
nimm sie an.
Liebe ist Glück, glücklich ist, wer lieben kann –
sei glücklich.
Liebe ist ein Austausch von Gefühlen, die vom
Herzen kommen –
öffne dein Herz.
Liebe ist so köstlich, wie der erlesenste Wein –
genieße.
Liebe ist bunt wie ein Regenbogen –
erfreu dich daran.
Liebe ist wie Medizin, eine Rezeptur mit positiven
Nebenwirkungen.
Liebe ist an kein Alter gebunden,
wer liebt, bleibt im Herzen immer jung.
Liebe ist wie ein Handel, bei dem beide Seiten
gewinnen.
Liebe ist stärker als blinder Hass –
Liebe macht sehend.
Liebe ist wie der Sand in der Düne –
lass dich treiben.
Liebe ist wie ein Spiel, bei dem du immer
gewinnen kannst.
Liebe ist Zuhören und Verstehen –
höre auf die Stimme der Liebe.
Liebe ist wie ein Wunder –
lass Wunder geschehen.

Liebe ist wie der Zauber der Natur –
lass dich verzaubern.
Liebe ist Lebendigkeit, der beste Antrieb zum Tun.
Liebe ist Vergeben und Verzeihen –
lass Ärger los und du bist frei.
Liebe ist wie ein Traum –
lass deine Wünsche und Träume lebendig werden.
Liebe ist ein Annehmen –
nimm an und lass dich annehmen.
Liebe ist Hingabe und das höchste Glück der Erde –
lasse es zu.
Liebe ist wie eine Quelle, die zu neuem Leben
erweckt – trinke von ihr.
Liebe ist, wenn zwei Seelen sich berühren –
lass deine Seele baumeln.
Liebe ist, füreinander da zu sein und auch mal
Tränen zu trocknen.
Liebe ist wie der süße Nektar des Lebens –
koste ihn.
Liebe ist ein Austausch von Zärtlichkeiten und
Emotionen –
tausche sie aus.
Liebe ist wie eine Kraft, das Unerreichbare zu
verwirklichen –
vertraue darauf.
Liebe ist wie ein Feuer, das nur erlischt,
wenn man die Glut ausgehen lässt.
Liebe ist, wenn zwei Herzen verschmelzen.

Lieben bedeutet nicht,
dass man einander ansieht,
sondern dass man in die
gleiche Richtung blickt.

Antoine de Saint-Exupéry

Von Zeit zu Zeit treffen sich alle Gefühle zu einem privaten Austausch.

Der Respekt und die Toleranz bedauern, dass sie immer weniger von den Menschen wahrgenommen werden.

Das Vertrauen erhebt seine Stimme: „Ich werde oft benutzt und missbraucht! Die Menschen sprechen immerzu von mir, ohne zu wissen, wer ich eigentlich bin."

Da lacht die Eifersucht. Sie fühle sich sehr wohl unter der Menschheit und sei auch immer mehr willkommen. Der Neid und die Missgunst können dies nur bestätigen.

Auch die Ignoranz und die Gleichgültigkeit waren mehr als zufrieden mit ihrem Dasein.

Der Hass, die Aggressivität und die Lieblosigkeit sind ebenso begeistert vom Wandel unter den Menschen, denn sie herrschen wie Fürsten unter ihnen.

Die Traurigkeit spricht voller Sorge: „Ich laufe auf Hochtouren. Immer häufiger werde ich gerufen, denn so vieles, wobei ihr die Menschen unterstützt, hat zur Folge, dass sie mich brauchen." Die Enttäuschung bestätigt diese Worte, denn ihr ergeht es nicht anders.

Das alles kann das Verständnis gar nicht begreifen, denn es wird gemieden wie die Pest.

Die Ruhe und die Gelassenheit beschweren sich, dass der Stress und die Hektik es auf ihren Posten abgesehen haben. Sie geraten immer mehr in Vergessenheit!

Die Hoffnung und die Träume erzählen, dass die Menschen sie verloren haben: „Sie erzählen zwar oft von uns, dennoch glauben die meisten nicht an uns und wählen stattdessen die Sicherheit oder die Angst und Sorge!" Zu guter Letzt fängt auch die Liebe traurig an zu sprechen: „Manchmal kommen mir Zweifel, warum ich überhaupt noch unter den Menschen verweile. Sie reden andauernd von mir, ohne zu wissen, welche Bedeutung und Kraft ich habe. Sie malen Symbole von Herzen, doch viele erkennen mich gar nicht. Manche spielen mit mir, ohne zu wissen, wie sehr sie damit andere verletzen können. Die meisten glauben zwar noch an mich, doch genau genommen wissen viele Menschen gar nicht wirklich, an was sie glauben!"

Dem Trost, dem Optimismus und der Zuversicht tun diese Worte im Herzen sehr weh.

Denn was wäre ein Leben ohne die Liebe?

Vom Glück, seinen Weg zu finden

Träume nicht dein Leben,
sondern lebe deinen Traum

Vor langer Zeit in China begab sich ein Vater mit seinem kleinen Sohn auf Reise. Während der Mittagsglut zogen sie durch die belebten Gassen von Keshan. Der Junge führte einen Esel, auf dem sein alter Vater saß.

„Der arme Knabe", rief eine vorübergehende Frau dem Alten zu, „seine kurzen Beinchen können mit dem Tempo des Esels kaum Schritt halten. Wie kannst du nur so faul auf dem Esel sitzen, wenn du siehst, dass der arme Kerl sich müde läuft!"

Der Vater nahm sich dies zu Herzen, stieg umgehend ab und ließ den Jungen aufsitzen. Nach nur wenigen Schritten erhob wieder ein Vorübergehender seine Stimme: „Solch eine Frechheit. Thront der kleine Bengel wie ein Sultan auf dem Esel, während der alte Mann daneben herlaufen muss!"

Diese Worte schmerzten den Jungen, und er bat seinen Vater aufzusteigen und sich hinter ihm auf den Esel zu setzen. Kaum, dass sie zusammen weitergeritten waren, keifte eine griesgrämige Frau am Wegesrand: „Hat man so etwas schon gesehen? Welch eine Tierquälerei! Dem armen Esel hängt bereits der Rücken durch, und der alte und der junge Nichtsnutz ruhen sich auf ihm aus, als wäre er ein Diwan. Die arme Kreatur!"

Die Gescholtenen schauten sich an und stiegen, ohne ein Wort zu sagen, vom Esel herunter und gingen daneben her. Doch schon an der nächsten Straßenecke machte sich ein Fremder über sie lustig: „Wie dumm kann man nur sein? Wozu führt ihr einen Esel spazieren, wenn er nichts leistet und noch nicht einmal einen von euch trägt?"

Da gab der Vater dem Esel eine Hand voll Heu und legte seine Hand auf die Schulter des Sohnes. „Gleichgültig, was wir machen", sagte er, „es findet sich doch immer jemand, der damit nicht einverstanden ist. Ich glaube, wir müssen selber wissen, was wir für richtig halten."

Nach einer Geschichte

Jedem Menschen recht getan,
ist eine Kunst die niemand kann.

Sprichwort

Endlich hat es über Nacht geschneit, und die ganze Landschaft liegt unter einer dicken, glänzenden Schneedecke. Jakob und Ludwig holen sogleich ihre Rodel aus dem Schuppen und machen sich freudig auf den Weg zu ihrem Schlittenberg.

Die beiden Brüder bestaunen die Schneepracht, auf der noch keine einzige Spur zu erkennen ist. So wetten sie um eine Tafel Schokolade, wer die geradeste Spur den Hügel hinauf ziehen kann.

Der gewissenhafte Jakob setzt sorgfältig einen Fuß möglichst gerade neben den anderen. Der sorglose Ludwig stapft einfach drauflos.

Oben angekommen, sieht Jakob zu seinem Entsetzen, dass er eine Zickzacklinie hinterlassen hat. Sein Bruder hingegen zeichnete in geradester Linie seine Spur.

„Das verstehe ich nicht", meint Jakob, „ich habe mich auf jeden meiner Schritte konzentriert. Wie hast du es nur geschafft, auf die Schnelle den geradesten Weg zu wählen?"

„Das ist doch ganz einfach!", meint Ludwig, „ich habe mich nur auf den Baum oben am Berg konzentriert. Das war mein Zielpunkt und auf den bin ich zugegangen."

An diesem Tag hat Jakob zwar eine Tafel Schokolade verloren, dafür aber die Erkenntnis gewonnen, dass man nicht nur auf seine nächsten Schritte achten muss, sondern seine Ziele nie aus den Augen verlieren darf.

Der Blick auf das Ziel ist der halbe Weg.

Ein Familienvater arbeitete seit jeher bei einer großen Firma als Hausmeister.

Eines Tages wurde er zum Personalchef gerufen. „Aufgrund unserer neuen Personalrichtlinien habe ich mir Ihre Akte angesehen. Leider konnte ich keinen einzigen Ausbildungsnachweis finden."

Unbedarft antwortete der Hausmeister: „Das ist schon richtig, ich habe keinen anerkannten Schulabschluss." „Dann tut es mir außerordentlich leid", der Personalchef rang mit den Worten, „Sie sind seit über 30 Jahren in unserem Unternehmen tätig, waren nie krank und haben nur beste Arbeit geleistet. Dennoch muss ich Ihnen kündigen, da Sie die Qualitätsstandards der neuen Geschäftsführung nicht erfüllen!"

Der Hausmeister hängte ein letztes Mal seinen Kittel an den Haken und ging betrübt nach Hause. „Was soll ich nun tun?", fragte er seine Frau.

„Wie sollen wir die Raten für unser Haus abzahlen und unsere Kinder bei ihrem Studium unterstützen?"

„Vielleicht soll dies ja ein Wink des Schicksals sein", meinte seine Frau. „Du hattest doch früher schon den Traum, selbstständiger Hausmeister zu sein!"

Daraufhin suchte er seinen Nachbarn auf, der Inhaber eines großen Betriebes war. „Du kannst sofort für mich arbeiten. Ich kenne deine Fähigkeiten!", sagte dieser. Bei den nächsten Firmen erging es ihm ähnlich.

In der ganzen Stadt hatte er einen guten Ruf.

Innerhalb kurzer Zeit stellte der Hausmeister immer mehr Personal ein, um der Flut seiner Aufträge gerecht zu werden. Er wurde zu einem angesehenen und vermögenden Unternehmer.

Eines Tages bekam er Besuch vom Vorstand seiner Bank. Dieser war erfreut, ihn endlich persönlich kennenzulernen. „Es kommt ja immer nur Ihr Buchhalter, um die Bankgeschäfte zu regeln. Diesmal brauche ich jedoch Ihre Unterschrift. Möchten Sie den Vertrag noch einmal durchlesen?" Der Hausmeister entschuldigte sich lächelnd: „Tut mir leid, ich kann nicht lesen." Ungläubig meinte der Bankier: „Sie sind in kürzester Zeit zu einem unserer größten Kunden geworden. Stellen Sie sich mal vor, was für eine Zukunft Sie mit einer guten Schulbildung gehabt hätten!"

„Das kann ich Ihnen sagen: Dann wäre ich immer noch ein angestellter Hausmeister!"

Das größte Vergnügen im Leben besteht darin,
das zu tun, von dem die Leute sagen,
du könntest es nicht.
Walter Bagehot

Christian lebte mit seiner Mutter und fünf jüngeren Geschwistern auf einem kleinen Bergbauernhof. Nach dem Unfalltod seines Vaters, musste er schon als Kind kräftig mit anpacken, um die Existenz des Hofes und der Familie zu sichern. Gerade zur Erntezeit versäumte Christian oft die Schule. Nach der Arbeit war er zum Lernen meist viel zu müde. Deshalb bekam er auch selten gute Noten. Obwohl das Leben für Christian kaum Vergnügungen bereithielt, pfiff oder summte er stets ein fröhliches Liedchen und träumte vor sich hin. Ja, er hatte große Träume; Träume über seine Zukunft! Daher war Christian begeistert, als seine Lehrerin eines Tages als Hausaufgabe einen Aufsatz zum Thema „Erreichbare Lebensträume" aufgab. Träumen konnte er perfekt, er wusste ganz genau, wie er sich sein Leben und seine Zukunft vorstellte. Christian träumte von großen Reisen. Davon, einen Sportwagen zu fahren, in einem schönen Haus zu wohnen und noch von vielem anderen. Er wünschte, so erfolgreich zu sein, dass sogar die Zeitung über ihn berichten würde.

Bis weit nach Mitternacht schrieb Christian an seiner Hausaufgabe. Als er diese mit der Note 5 zurückbekam, war er maßlos enttäuscht und erkundigte sich bei seiner Lehrerin nach dem Grund der Benotung.

Diese antwortete: „Du hast zwar einen schönen Aufsatz geschrieben, doch es ist leider eine Themaverfehlung. Du hast eine Fantasieerzählung geschrieben. Schau, du bist ein sehr lieber und gutmütiger Junge. Damit wird man in der Geschäftswelt nur ausgenützt. Mit viel Glück wirst du vielleicht den Hauptschulabschluss schaffen. Du kannst vermutlich nicht einmal das nötige Geld für Investitionen aufbringen. Ich gebe dir die Chance, deine Note zu verbessern, indem du deinen Aufsatz auf realisierbare Träume umschreibst."

Traurig zeigte Christian den Aufsatz seiner Mutter. Diese war sehr betroffen und nahm Christian liebevoll in die Arme. „Weißt du", sagte sie: „Jeder Mensch ist für sein Leben selbst verantwortlich. Das sind deine Träume, Christian. Nur du kannst entscheiden, wie wichtig und realisierbar diese für dich sind."

Am nächsten Tag gab er seinen Aufsatz der Lehrerin zurück und sagte: „Ich nehme diese Note an und bleibe bei meinen Träumen!"

Jahre später investierte Christian zur richtigen Zeit in der richtigen Branche und gründete viele erfolgreiche Firmen. In Interviews wurde er immer wieder nach dem Geheimnis seines Erfolges befragt. Christian gab stets zur Antwort: „Ich ließ mir meine Träume nicht nehmen!"

Es gab einmal das Land der Frösche. Alljährlich veranstalteten diese einen Wettlauf, an dem jeder Frosch teilnehmen konnte. Zu einem Jubiläumsjahr sollte jedoch ein außergewöhnlicher Lauf stattfinden. Das Ziel war, nach der gewohnten Rennstrecke zusätzlich noch die hohe Kirchturmspitze zu erklimmen. Dieses Spektakel erregte großes Aufsehen. Sogar Fernsehteams und Radiosender standen unter der unglaublich großen Zuschauermenge.

Maxi war ein etwas kleingeratener Frosch, mit leicht verkrüppelten Beinen. Doch er wollte unbedingt bei diesem Ereignis mit dabei sein.

Von den Zuschauern glaubte niemand so recht daran. Wie sollte es auch möglich sein, dass die Frösche diesen hohen Gipfel erreichen. Alles, was man hören konnte, waren Aussprüche wie: „Ach, wie furchtbar anstrengend!" – „Die werden sicher nie ankommen!" oder: „Das können sie gar nicht schaffen, der Turm ist viel zu hoch!".

Maxi kämpfte sich tapfer in der hinteren Ebene durch. Viele der Frösche begannen zu resignieren und gaben auf. Somit kam Maxi ins Mittelfeld. Als die verbliebenen Frösche den Kirchturm erreichten, riefen die Zuschauer weiter: „Das ist viel zu anstrengend! Macht euch nicht lächerlich, das kann niemand schaffen!" Immer mehr der Frösche verließ die Kraft und sie gaben auf.

Nur noch wenige Frösche kletterten immer noch mühsam weiter. Doch Maxi sah sein Ziel vor Augen und gab nicht auf! Die Zuschauer wurden immer lauter und verspotteten die verbliebenen Kämpfer. Kurz vor dem Ziel hatten fast alle aufgegeben, außer Maxi, der mit enormem Kraftaufwand als Einziger den Gipfel des Turmes erreichte! Jetzt wollten natürlich die anderen Mitstreiter wissen, wie er das denn schaffen konnte!

Die Reporter liefen auf ihn zu, um ihn zu interviewen. Wie hatte er es geschafft, diese enorme Leistung zu erbringen?

Da stellte sich heraus: Der Gewinner war taub!

Frei nach einer Fabel

Die Zukunft gehört denen,
die an die Wahrhaftigkeit ihrer Träume glauben.

Eleonore Roosevelt

Als Christoph Kolumbus nach der legendären Entdeckung von Amerika wieder nach Spanien heimkehrte, wurde er gebührend empfangen und gefeiert.

Bei einem Festessen, das ihm zu Ehren gehalten wurde, meldeten sich jedoch auch seine Neider zu Wort: Es sei gar nicht schwierig gewesen, die „Neue Welt" zu entdecken. Das Weltmeer sei schließlich offen gestanden, und für jeden von ihnen wäre dieses Unternehmen ein Leichtes gewesen! Kolumbus war tief in seiner Seefahrerehre gekränkt und wollte diese Worte nicht auf sich beruhen lassen. Er nahm ein gekochtes Ei, das auf dem Tisch lag, und forderte die Anwesenden auf, es so auf die Spitze zu stellen, dass es nicht umfallen könne.

Trotz großen Eifers scheiterten die ersten Versuche der Festgäste, und man sah ratlose Gesichter auf allen Seiten. Neugierig geworden kamen immer mehr Männer an den Tisch, um ebenfalls einen Versuch zu wagen. Bald war jeder im Saal davon überzeugt, dass es sich hierbei um eine unausführbare Aufgabe handele. Der Seefahrer wurde also aufgefordert, es selbst zu versuchen. Lächelnd setzte Kolumbus das Ei mit einem leichten Schlag auf den Tisch, sodass es auf der eingedrückten Spitze stehenblieb.

Die Anwesenden waren empört und protestierten, dass sie das ebenfalls gekonnt hätten! „Meine Herren, wenn man weiß, wie es geht, ist alles ganz einfach. Der Unterschied ist, dass Sie es hätten tun können, ich hingegen habe es getan!"

Nach einer Geschichte

Zwischen Können und Tun
liegt ein großes Meer
und auf seinem Grunde gar oft
die gescheiterte Willenskraft.

Marie von Ebner Eschenbach

Einst lebte ein junger Mann, der nur ein Ziel vor Augen hatte: Reich zu werden! Er hörte von einem Weisen, der zu jedem Anliegen einen guten Rat wusste.

So schnürte er sein Bündel und machte sich auf zu dessen Hütte. Der weise Mann hieß ihn willkommen und forderte ihn zugleich auf, mitzukommen, sodass er ihn zu seinem Reichtum führen könne.

Der junge Mann war sichtlich aufgeregt, denn er hatte noch nicht einmal ausgesprochen, weshalb er gekommen war. Freudig und erwartungsvoll folgte er dem Weisen, bis sie an einem mächtigen Wasserfall angelangt waren. Der Weise zeigte auf die tosenden, schillernden Wassermassen, die vom Berg herabstürzten, und erklärte, dass genau darunter ein Schatz verborgen liege. Der junge Mann verlor augenblicklich seine Gesichtsfarbe und sprach seine Zweifel aus: „Der Wasserfall erscheint mir sehr gefährlich zu sein. Ich kann weder gut schwimmen noch tauchen. Zudem ist das Wasser eisig kalt, und ich könnte mir eine Lungenentzündung einholen!"

Der Weise unterbrach ihn mit einem gütigen Lächeln: „Siehst du, genau wie dir ergeht es vielen Menschen im Leben. Kurz vor dem ersehnten Ziel kommen Ängste und Zweifel in ihnen auf.

Plötzlich fehlt es ihnen an Mut, Zuversicht sowie an Selbstvertrauen, und sie hören nicht mehr auf ihre innere Stimme. Stattdessen warten sie ihr Leben lang vergeblich, dass ihnen das ersehnte Glück zufliegt."

Plötzlich sprang der junge Mann kopfüber in das eisige Wasser.

Als er endlich wieder auftauchte, war er von ganzem Herzen froh. Zum einen hatte er die Hände voller Edelsteine, und zum anderem hatte er eben die wertvolle Erkenntnis über seinen inneren Reichtum gewonnen.

Nach einer Erzählung

Mut steht am Anfang des Handelns.
Glück am Ende.

Demokrit

DER TANZ DES LEBENS

Es war einmal ein junges Mädchen namens Katharina, das davon träumte, Tänzerin zu werden. Jedes Mal, wenn sie daran dachte oder davon sprach, leuchteten ihre Augen.

Ihre Mutter meinte, sie solle sich solche Flausen aus dem Kopf schlagen. Erst einmal sei eine gute Schulausbildung wichtig, tanzen könne sie immer noch.

Nach der Schule sprach der Vater ein Machtwort. Erst müsse man einen vernünftigen Beruf erlernen, tanzen könne sie immer noch.

Nach der Ausbildung wollte ihr Arbeitgeber nicht auf sie verzichten. Er meinte, tanzen könne sie immer noch.

Dann lernte sie einen Mann kennen, der meinte, dass sie doch erst ihre Liebe genießen solle, tanzen könne sie immer noch.

Sie wurde Mutter. Alle meinten, dass sie warten sollte, bis die Kinder aus dem „Gröbsten" raus seien, tanzen könne sie immer noch.

Katharina wurde bei einem Verkehrsunfall schwer verletzt. Auf ihre Frage, ob sie noch jemals würde tanzen können, meinte der Arzt, sie dürfe froh sein, wenn sie wieder laufen könne.

Da wurde Katharina sehr traurig und weinte sich in den Schlaf. Im Traum sah sie sich tanzen, sie schwebte übers Parkett.

Als sie aufwachte, leuchteten ihre Augen. Ja, tanzen könne sie immer noch! Sie vertraute auf ihren Traum und vertraute, dass jetzt endlich der Zeitpunkt hierfür gekommen sei.

Wenige Wochen später erklärten ihr die Ärzte, es sei wohl ein Wunder geschehen. Sie könne wieder gehen und vielleicht sogar tanzen.

Und Katharina tanzte. Nicht auf den großen Bühnen des Theaters, sondern auf der allerwichtigsten und größten Bühne. Sie tanzte den „Tanz ihres Lebens" auf der Bühne des Lebens.

Träume nicht dein Leben,
sondern lebe deinen Traum.

Eines schönen Sommertages, zur Mittagszeit, war im Wald Ruhe eingekehrt und alles schlief.

Da sprang ein junges, keckes Eichhörnchen über die Bäume und rief: „Sagt mir, was ist eigentlich das Leben?"

Alle, die dies hörten, waren betroffen über solch eine schwierige Frage und überlegten.

Ein lustiger Schmetterling flog von einer Blüte zur anderen: „Das Leben ist bunt, voller Freude und Sonnenschein."

Am Bach schleppte eine Ameise ihre Last: „Das Leben ist voller Mühe und harter Arbeit."

Eine Rose war gerade dabei, ihre Knospe zu öffnen: „Das Leben ist Entwicklung."

Der Maulwurf steckte seinen Kopf aus der Erde: „Das Leben ist ein Kampf im Dunkeln."

Eine fleißige Biene flog von Blume zu Blume: „Das Leben ist ein Wechsel von Arbeit und Vergnügen."

Tief verwurzelt stand eine alte Weide, gebogen vom Wind und Sturm in vielen Jahren: „Das Leben ist ein sich Beugen unter einer höheren Macht."

Ein Adler drehte majestätisch seine Kreise: „Das Leben ist ein Streben nach oben."

Eine Regenwolke zog vorbei: „Das Leben besteht aus vielen Tränen."

Ein Hase sprang vorüber: „Das Leben ist Veränderung, deren Richtung jeder wählen kann."

Der Fluss schäumte auf und warf sich mit aller Macht gegen das Ufer: „Das Leben ist ein vergebliches Ringen um Freiheit."

Die Gespräche zogen sich über Stunden hinweg, bis in die Nacht hinein. Beinahe wäre ein Streit entbrannt.

Ein Uhu flog lautlos durch den Wald: „Das Leben ist, Gelegenheiten zu nutzen, wenn andere noch schlafen."

Ein Mann auf dem Nachhauseweg sagte vor sich hin: „Das Leben ist die ständige Suche nach der Liebe und dem Glück, und manchmal eine Kette von Enttäuschungen."

Da zog die Morgenröte auf und sprach: „So, wie ich der Beginn eines neuen Tages voller Überraschungen bin, so ist jedes Leben eine einzigartige Geschichte."

Nach einem schwedischen Märchen

Das Leben kann nur in der Schau
nach rückwärts verstanden, aber nur
in der Schau nach vorwärts
gelebt werden.

Søren Kierkegaard

Zur Autorin:
Gisela Rieger (geb. 1968) leitet Firmentrainings, Seminare, Workshops und Vorträge, vor allem im Bereich Teamentwicklung und Persönlichkeitsbildung. Es ist ein Teil ihrer Lebensphilosophie geworden, Menschen auf vielfältige und wirksame Weise in ihren Entwicklungsprozessen zu begleiten. Das „Storytelling" oder Erzählen von Geschichten spielt für ihre Arbeit eine zentrale Rolle.
Die Autorin lebt mit ihrer Familie im Chiemgau. Weitere Informationen unter www.gisela-rieger.de

Quellennachweis:
Trotz sorgfältiger Recherche ist es uns leider nicht in allen Fällen gelungen, den jeweiligen Rechteinhaber ausfindig zu machen. Für Hinweise sind wir dankbar.

Einige der hier ausgewählten und neu zusammengestellten Geschichten von Gisela Rieger sind original im Eigenverlag der Autorin erschienen:
- Gisela Rieger: Inspirationen für's Herz. Geschichten, Weisheiten und Zitate, © Gisela Rieger 2015.
- Gisela Rieger, Geschichten, die dein Herz berühren, © Gisela Rieger 2016.
- Gisela Rieger, 111 Herzensweisheiten. Geschichten, Erzählungen und Zitate, © Gisela Rieger 2018.

Für die Geschichten auf den Seiten 29f, 46f, 86f, 94f bedanken wir uns beim Ziel Verlag für die freundliche Abdruckgenehmigung aus:
Gisela Rieger, Sinn-volle Geschichten 1 + 2 + 3, Ziel Verlag, Augsburg 2013.

Bildnachweis:
Fotografien: Alain Caste / plainpicture (S. 3), Christine Glade / iStock (S. 17), borchee / iStock (S. 18), KPG_Payless / shutterstock (S. 24), LedyX / shutterstock (S. 35), Francesca Schellhaas / photocase (S. 48), odyphoto / iStock (S. 71), DEEPOL by plainpicture (S. 81).
Grafiken: Robert Adrian Hillmann / shutterstock, OpheliaX / iStock, Vasmila / shutterstock, Le Panda / iStock, Cat_arch_angel / shutterstock, mr_coffee / shutterstock, Im-kseniabond / iStock, mammuth / iStock.

ISBN 978-3-86917-692-5
© 2020 Verlag am Eschbach
Verlagsgruppe Patmos in der Schwabenverlag AG, Ostfildern
Im Alten Rathaus/Hauptstraße 37
D-79427 Eschbach/Markgräflerland
Alle Rechte vorbehalten.

www.verlag-am-eschbach.de

MIX
Papier aus verantwortungsvollen Quellen
FSC
www.fsc.org   FSC® C002419

Geschichten: © Gisela Rieger
Gesamtgestaltung: Angelika Kraut, Verlag am Eschbach
Kalligrafie: Ulli Wunsch, Wehr
Herstellung: Neue Süddeutsche Verlagsdruckerei GmbH, Ulm

Dieser Baum steht für umweltschonende Ressourcenverwendung, individuelle Handarbeit und sorgfältige Herstellung.

Manufakt